Les desserts

ÉDITIONS CLÉMENTINE

La cuisine Corse comme toute cuisine méditerranéenne doit sa saveur aux choix et à la fraîcheur de ses composants. Les parfums y sont forts, mais vous pouvez sans peine, remplacer des produits comme le brocciu par un fromage de chèvre, ou tout produit laitier de consistance équivalente, selon vos goûts.

Sommaire

Les volumes

	MESURES	
10 cl	= 100 ml	
1/2 litre	= 50 cl	= 500 ml
1 litre	= 100 cl	= 1 000 ml
1 cuillère à café	= 0,5 cl	
1 cuillère à soupe	= 1,8 cl	
1 verre à eau	= 10 cl	
1 verre à liqueur	= 3 cl	
1 tasse à café	= 8/10 cl	
1 verre à moutarde	= 20 cl	
1 bol	= 35 cl	
1 bouteille de vin	= 75 cl	
1 litre d'eau	= 1 kg	

Les contenants

	MESURES	
1 mini boite de conserve de légumes	= 200 g et 210 ml	
Poids des aliments	= 130 g	
1 petite boite de conserve de légumes	= 425 g et 425 ml	
Poids des aliments	= 235 g	
1 petite boite de conserve de légumes	= 800 g et 850 ml	
Poids des aliments	= 440 g	

Eau	1 verre de 12 cl	120 g

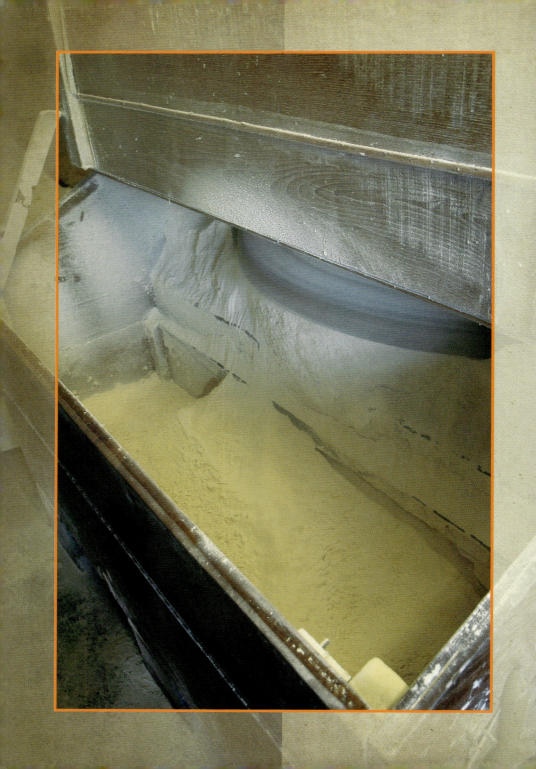

Préparations des pâtes

Pâte brisée

Pâte à beignets

Ingrédients :
- 200 g de farine
- 100 g de beurre
- 1 cuillère à soupe de sucre
- 1 pincée de sel
- 1 verre d'eau

Ingrédients :
- 200 g de farine
- 2 blancs d'œufs
- 1 paquet de levure chimique
- 2 c. à soupe d'huile d'olive
- 1 pincée de sel
- 3 dl d'eau tiède

Préparation

Mettez la farine en fontaine et versez au milieu (beurre fondu) tous les ingrédients, sauf l'eau, pétrissez. Ajoutez l'eau au fur et à mesure, jusqu'à l'obtention d'une boule ayant une bonne élasticité. Vous pouvez la laisser reposer deux heures au réfrigérateur, enveloppée dans un film transparent.

Préparation

Mettez la farine et la levure dans un saladier, ajoutez l'huile d'olive, le sel et l'eau.
Mélangez vigoureusement et laissez reposer pendant une heure. Au moment de vous servir de la pâte, battez les blancs en neige et incorporez-les à la préparation. Votre pâte est prête à l'emploi.

Pâte feuilletée

Ingrédients :
- 250 g de farine
- 200 g de beurre
- 2 dl d'eau froide
- 1 pincée de sel

Préparation

Mettez la farine en fontaine, versez l'eau froide et pétrissez du bout des doigts. Ce mélange doit avoir la même consistance que celle du beurre ramolli. Étalez cette préparation en carré sur votre plan de travail et disposez le beurre ramolli par-dessus. Rabattez les 4 coins de ce carré et donnez un coup de rouleau à pâtisserie par-dessus. Renouvelez l'opération et placez-le au réfrigérateur.

Enveloppez d'un film plastique alimentaire pendant vingt minutes. Pliez ce « carré » en trois et étalez-le avec le rouleau à pâtisserie dans le sens inverse de celui des plis. Replacez au réfrigérateur pour vingt minutes. Renouvelez à nouveau la même opération. Votre pâte est enfin prête à l'emploi.

Gâteaux, tartes et cakes

Gâteau de farine de châtaigne, noisettes et noix

Ingrédients :
- *150 g de farine de châtaigne*
- *50 g de farine blanche*
- *150 g de sucre*
- *100 g de noisettes*
- *100 g de noix*
- *100 g de chocolat pour nappage (facultatif)*
- *1 sachet de levure chimique*
- *5 cuillères à soupe de lait*
- *5 cuillères à soupe d'huile*
- *1 pincée de sel*
- *Beurre ou huile pour graisser le moule*
- *4 œufs entiers*

Préparation

Mélangez dans une terrine les deux farines, le sel et la levure. Battez les 4 œufs en omelette, incorporez le sucre, l'huile et le lait. Travaillez bien et versez le tout dans la terrine contenant les farines puis mélangez et pétrissez. Ajoutez les noisettes et les noix concassées. Graissez un moule à manquer, versez-y la pâte.

Faites cuire à four chaud (thermostat 6) 30 minutes environ. Après cuisson, laissez refroidir. Démoulez sur un plat.
Si vous le souhaitez, nappez le dessus avec le chocolat fondu dans un peu d'eau.

Gâteau de farine de châtaigne

Ingrédients :
- *60 g de farine de châtaigne*
- *30 g de farine blanche*
- *2 œufs*
- *2 jaunes d'œufs*
(conserver les blancs des œufs)
- *250 g de miel de châtaignier*
- *180 g de beurre*
- *100 g de confiture de cédrat*
- *10 cl de jus d'orange pressée*

Préparation

Confectionnez une pommade avec 100 g de beurre, et mélangez-la à 50 g de miel, aux œufs et aux jaunes d'œufs. Ajoutez peu à peu les deux farines. Mélangez bien. Montez les blancs en neige. Incorporez-les à l'appareil. Mettez cet appareil dans de petits moules ronds beurrés et farinés, jusqu'à mi-hauteur. Répartissez la confiture de cédrat et recouvrez avec le reste de l'appareil. Faites cuire au four (thermostat 5, 200 °C) durant 5 minutes, jusqu'à coloration du biscuit. Faites réduire légèrement le restant de miel avec le jus d'orange pressée, puis incorporez le reste de beurre en parcelles. Dressez les biscuits démoulés sur des assiettes et entourez-les de beurre de miel de châtaignier.

Gâteau de yaourt à la farine de châtaigne

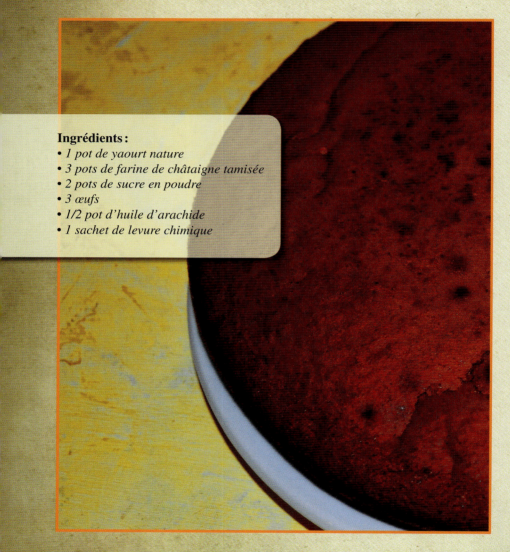

Ingrédients :
- 1 pot de yaourt nature
- 3 pots de farine de châtaigne tamisée
- 2 pots de sucre en poudre
- 3 œufs
- 1/2 pot d'huile d'arachide
- 1 sachet de levure chimique

Mélangez tous les ingrédients dans un saladier, battez cinq minutes avec un batteur. Beurrez un moule à manquer et enfournez à 190 °C pendant 30/35 minutes.

Torta, gâteau paysan à la farine de châtaigne

Ingrédients :
- 500 g de farine de châtaigne
- 200 g de noix décortiquées
- 2 cuillères à soupe d'huile
- 1 cuillère à soupe de lait
- Quelques grains de fenouil
- 1 pincée de sel
- Eau

Tamisez la farine puis délayez avec l'eau et le sel pour obtenir une pâte légère mais consistante (comme une pâte à crêpes). Ajoutez les noix, l'huile, le lait et le fenouil. Versez dans un plat à tarte graissé, mettez dans un four chaud pendant trente minutes.

« A Torta » est cuite quand elle apparaît tout à fait sèche (craquante) à la surface.

Gâteau à la cannelle

Ingrédients pour 6 personnes :
- *250 de farine*
- *250 g de sucre*
- *60 g de poudre d'amande*
- *2 œufs entiers*
- *10 c. à soupe d'huile d'arachide*
- *1 sachet de sucre vanillé*
- *1 sachet de levure chimique*
- *2 cuillères à café de cannelle*

Préparation : 15 min

Préchauffez le four à 180 °C. Dans une terrine, mélangez le sucre, les œufs et le sucre vanillé jusqu'à ce que le mélange blanchisse. Ajoutez l'huile tout en remuant, puis la poudre d'amande. Quand le mélange est lisse, ajoutez la farine et la levure petit à petit, mettez la cannelle et mélangez bien (vous pouvez rajouter des raisins secs, c'est très bon)

Cuisson : 45 min

Beurrez et farinez un moule à manquer. Enfournez à mi-hauteur pendant 45 minutes.
Attention : Ce n'est pas un gâteau qui « monte », il a plus l'apparence d'une galette.

Gâteau au yaourt

Préparation

Allumez le four à 180 °C (thermostat 6). Mélangez tous les ingrédients dans un moule beurré et mettez-le au four 1/2 heure (plus ou moins)

Ingrédients :
- *1 yaourt nature*
- *2 pots de farine*
- *2 pots de sucre*
- *1/2 pot d'huile d'olive*
- *3 œufs*
- *1/2 sachet de levure chimique*
- *Sucre vanillé*

1 pot de yaourt = 1 mesure

Gâteau rapide aux pommes

Ingrédients pour 4 à 6 personnes :
- *1 cuillerée à soupe de sucre semoule*
- *7 cuillerées à soupe de farine de froment*
- *2 œufs*
- *150 g de beurre*
- *2 pommes*

Préparation

Faites fondre le beurre. Battez les œufs avec le sucre jusqu'à obtention d'une mousse blanchâtre. Ajoutez le beurre fondu, tout en battant. Ajoutez la farine tamisée. Pelez les pommes et coupez-les soit en 1/2 rondelle (de façon à les disposer en fleur) soit en petits morceaux. Disposez les morceaux de pommes dans un moule à gâteau moyen beurré. Ajoutez la pâte dessus. Faites cuire au four à 180 °C pendant 3/4 d'heure environ.

Fondant au chocolat

Ingrédients pour 6 personnes :
- *200 g de chocolat pâtissier*
- *150 g de sucre*
- *60 g de beurre*
- *4 cuillères à soupe de farine*
- *4 œufs*

Préparation : 20 min

Faites fondre le chocolat au bain-marie. Séparez les jaunes d'œufs des blancs. Ajoutez le beurre ramolli au chocolat fondu, ensuite les jaunes d'œufs, le sucre et la farine. Montez les blancs d'œufs en neige bien ferme. Incorporez-les délicatement au mélange.

Cuisson : 30 min

Faites cuire au four à 180 °C (thermostat 6) pendant environ trente minutes.

Fiadone

Ingrédients pour 4 personnes :
- 200 g de pâte sablée
- 500 g de brocciu frais
- 150 g de sucre
- 2 œufs entiers
- 1 cuillère à café de rhum
- Zeste d'orange (ou citron)

Préparation : 15 min

Mélangez le brocciu avec les œufs et le sucre. Incorporez le rhum et le zeste d'orange râpé. Mélangez bien. Froncez un moule à tarte avec la pâte sablée. Garnissez avec la préparation au brocciu. Faites cuire 1/2 heure environ, à four moyen (thermostat 6, 220 °C)

Parfois je monte les œufs en neige, après avoir mélangé les jaunes au reste de la préparation, puis je les incorpore, mais dans ce cas je mets trois œufs. Cela fait un dessert plus léger mais un peu différent.

Tarte au brocciu, aux poires et aux amandes

Confection de la pâte

Mélangez la farine, le sucre, le sel et les amandes. Faites une fontaine et mettez au centre l'huile d'olive, l'œuf et le lait. Mélangez le tout, pétrissez rapidement et laissez reposer 15 minutes environ.

Préparation des poires

Épluchez-les, frottez-les au citron, coupez-les en quartiers et retirez les pépins. Débarrassez-les sur un plat, arrosez-les d'eau-de-vie et saupoudrez-les de sucre. Mélangez le brocciu avec le miel, les œufs et le zeste de citron, incorporez les amandes effilées. Recouvrez du mélange
Arrosez d'eau-de-vie et saupoudrez de sucre glace à la sortie du four.

Pour la pâte :
- 250 g de farine
- 100 g d'amandes en poudre
- 100 g de sucre semoule
- 1 œuf
- 2 cl environ de lait
- 5 cl d'huile d'olive
- 1 pincée de sel

Pour la garniture :
- 6 poires
- 200 g de brocciu
- 100 g de miel
- 100 g d'amandes effilées
- 2 œufs
- 1/2 zeste de citron râpé
- 1/2 jus de citron
- 3 cl d'eau-de-vie
- 30 g de sucre glace

Tarte aux noix et aux châtaignes

Préparation

Mélangez les ingrédients de la pâte et laissez reposer au frais. Confectionnez la garniture en mixant les noix et les châtaignes avec le beurre, le sucre, les œufs et l'alcool de myrte.

Étalez la pâte. Foncez un moule à tarte et garnissez avec l'appareil aux noix.

Cuisson

Faites cuire environ 15 minutes à 180 °C (thermostat 4) Faites bouillir le lait avec le miel. Fouettez le sucre avec les jaunes d'œufs, jusqu'à ce qu'ils blanchissent. Versez le lait tiédi. Mélangez et remettez à feu doux, en tournant sans arrêt et sans laisser bouillir, jusqu'à ce que vous obteniez la consistance d'une crème anglaise. Réservez jusqu'à complet refroidissement. Servez la tarte avec la sauce au miel et une glace à la vanille.

Ingrédients pour 6 personnes :
- 250 g de beurre
- 250 g de sucre glace
- 175 g de cerneaux de noix
- 70 g de châtaignes décortiquées
- 3 œufs

Pour la pâte :
- 250 g de farine
- 150 g de beurre
- 50 g de sucre
- 1 œuf
- 1 jaune d'œuf
- Sel

Pour la sauce :
- 1 l de lait
- 150 g de sucre
- 8 jaunes d'œufs
- 50 g de miel de châtaignier

Tarte aux noix et à la farine de châtaigne

Ingrédients :
- 400 g de farine de châtaigne
- 250 g de noix décortiquées
- 1 cuillerée à soupe d'huile
- 1 cuillerée à soupe de lait
- 1 pincée de sel
- 1 noix de beurre

Préparation

Délayez la farine dans de l'eau. Ajoutez le sel, le lait et l'huile. La pâte doit être assez souple. Ajoutez les noix grossièrement écrasées. Beurrez un plat à tarte, versez-y le mélange et faites cuire à four chaud pendant 20 minutes environ, sans dessécher la pâte.

Quatre-quarts

Ingrédients pour 6 portions :
- *1/4 d'œuf (peser ou regarder le calibre qui correspond au poids des œufs)*
- *1/4 de beurre*
- *1/4 de sucre*
- *1/4 de farine*
- *1 sachet de levure chimique pour 2 ou 3 œufs*
- *1 cuillère à soupe de rhum*

Préparation : 1 h 25

Préchauffez le four à 200 °C. Mélangez le beurre mou et le sucre, ajoutez les œufs battus et un peu de farine (si ça commence à former des caillots) puis le reste de la farine avec la levure et le rhum à la fin. Versez la pâte dans un moule beurré et faites cuire au four jusqu'à ce qu'un couteau (ou une aiguille à tricoter) ressorte sec (en gros 3/4 h)

Je mets toujours du beurre demi-sel dans la pâtisserie, pas besoin de rajouter du sel.

Quatre-quarts au yaourt à la banane

Ingrédients :
- *250 g de farine*
- *200 g de sucre*
- *3 gros œufs*
- *1 yaourt à la banane*
- *1 sachet de sucre vanillé*
- *1/2 sachet de levure*
- *30 cl d'huile*

Préparation : 15 min

Préchauffez le four à 180 °C. Dans un bol et à l'aide d'un batteur électrique, battez le sucre vanillé avec le yaourt à la banane. Ajoutez les œufs (tout en battant) Quelques secondes après, ajoutez le sucre puis l'huile. Ajoutez la farine petit à petit tout en remuant avec le fouet manuel. Enfin ajoutez le sachet de levure.

Cuisson : 40 min

Huilez et farinez un moule à cake, versez-y la préparation et mettez à four moyen pendant environ quarante minutes.

Cake à la farine de châtaigne

Ingrédients :

- *150 g de farine de blé*
- *60 g de farine de châtaigne*
- *150 g de sucre glace*
- *160 g de beurre*
- *3 œufs*
- *125 g de raisins secs*
- *25 g de noisettes hachées*
- *25 g d'amandes hachées*
- *25 g d'écorces d'oranges confites*
- *Le zeste d'1/2 citron*
- *Le zeste d'1/2 orange*
- *1 gousse de vanille*
- *5 g de levure chimique*
- *1 pincée de sel*
- *Rhum*

Préparation

Travaillez le beurre en pommade. Incorporez le sucre glace tamisé, puis les œufs, un à un. Tamisez les farines avec la levure et incorporez le tout à la première préparation. Salez. Préchauffez votre four à 250 °C (thermostat 8) Mélangez les noisettes, les amandes, les zestes d'orange et de citron râpés et les écorces confites hachées, puis incorporez-les à leur tour. Fendez et grattez la gousse de vanille.

Cuisson : 45 min

Chemisez un moule à cake de 30 cm avec du papier sulfurisé et garnissez-le avec la pâte. Faites cuire à 180 °C (thermostat 4) durant 45 minutes. À la sortie du four, arrosez le cake avec du rhum.

Crêpes et gaufres

Crêpes fourrées au brocciu

Ingrédients :
- *500 g de brocciu*
- *2 sachets de sucre vanillé*
- *Le zeste râpé d'1 citron*
- *Du sucre en poudre*
- *De la liqueur de mandarine impériale (liqueur corse)*

Préparation

Dans un saladier écrasez le brocciu à la fourchette, ajoutez le sucre vanillé, le zeste, et selon votre goût le sucre en poudre.

Faites une pâte à crêpe laissée à reposer.

Ensuite dans une crêpière faites la crêpe. Faîtes-là sauter, et avant la fin de cuisson disposer au centre une bonne cuillère à soupe de farce et refermez la crêpe comme une enveloppe. Et ainsi de suite.

Une fois le tout terminé, dressez les crêpes dans un plat. Prenez de la liqueur de mandarine impériale et flambée. Bon appétit.

Crêpes à la farine de châtaigne

Préparation : 10 min

Dans une terrine tamisez les deux farines. Creusez un puits, puis mettez le sel et la cuillerée de sucre. Cassez-y les œufs et délayez peu à peu avec le lait jusqu'à obtention d'une pâte fluide. Parfumez avec le rhum, puis ajoutez l'huile et donnez de l'onctuosité. Mélangez bien.
Couvrez avec un torchon et laissez reposer environ une heure à température ambiante.

Cuisson : 30 min

Au bout de ce temps, faites chauffer la poêle et graissez-la avec un peu d'huile. Dès qu'elle est bien chaude, versez-y une petite louche de pâte et inclinez la poêle en tous sens pour bien la répartir. Faites cuire la crêpe, environ 1 minute 30 sur la première face et 30 secondes sur la deuxième. Procédez ainsi jusqu'à épuisement de la pâte. Au fur et à mesure, empilez les crêpes en les saupoudrant de sucre en poudre. Vous pouvez éventuellement les maintenir au chaud au bain-marie. Servez immédiatement en accompagnant de crème de marrons et de crème chantilly.

Pour environ 30 crêpes :
- *125 g de farine de froment*
- *125 g de farine de châtaigne*
- *1/2 l de lait*
- *3 œufs*
- *1/2 cuillère à café de sel*
- *1 cuillère à soupe de sucre en poudre*
- *1 cuillère à soupe de rhum ambré*
- *1 cuillère à soupe d'huile + un peu pour la poêle*
- *Sucre en poudre*

Gaufres

Histoire

La gaufre est d'origine belge et date du XIIème ou XIIIème siècle. Le mot gaufre vient du néerlandais « Wafel » qui signifie « rayon de miel ». C'était une pâtisserie de pâte légère, faite de mauvaise farine et d'eau, et cuite entre deux fers qui imprimaient un dessin en relief en forme de « rayon ». Mais, à l'époque, les gaufres n'étaient pas seulement une friandise comme aujourd'hui ! Il arrivait qu'on en mange lorsqu'on manquait de pain. Il était aussi de coutume, pour le jour de l'an, d'offrir une gaufre à ses proches, pour les étrennes. Confectionnées en famille, elles étaient aromatisées à la cannelle et au sucre candi, différentes, selon les régions, par la forme comme par la grandeur.

Préparation : 15 min

Mélangez la farine, la levure, le sucre et les jaunes d'œufs puis la bière et le lait. Ajoutez le beurre fondu puis les blancs d'œufs préalablement montés en neige. Laissez reposer 2 à 3 heures ou plus.

Cuisson : 4 min par gaufre

Versez la préparation dans un moule à gaufre ou un gaufrier, puis faites cuire 3 à 5 minutes.

Ingrédients :
- 250 g de farine
- 125 g de sucre
- 100 g de beurre fondu
- 3 œufs
- 1 verre de lait
- 1 verre de bière
- 1 cuillère à café de levure chimique
- 1 pincée de sel

Gaufres légères

Ingrédients :
- 500 g de farine
- 50 g de sucre
- 150 g de beurre
- 6 œufs
- 3/4 l de lait
- 1 pincée de sel
- Rhum

Préparation : 20 min

Faites un puits avec la farine, mettez au centre sel, sucre, beurre fondu refroidi et jaunes d'œufs. Mélangez le tout. Ajoutez le lait petit à petit et fouettez, jusqu'à ce que vous obteniez une pâte liquide et homogène. Ajoutez un peu de rhum. Battez les blancs en neige ferme et incorporez-les à la pâte. Faites cuire avec le gaufrier.

Gaufrettes

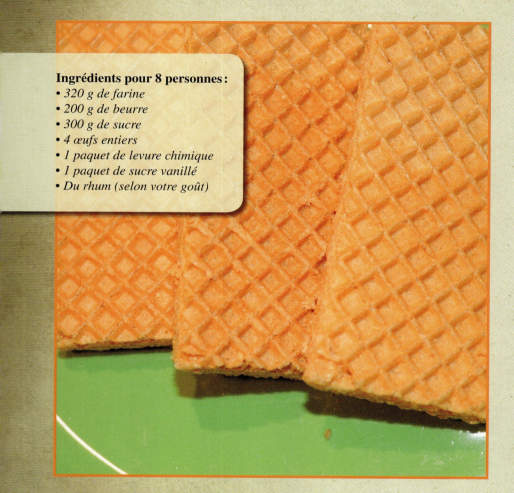

Ingrédients pour 8 personnes :
- *320 g de farine*
- *200 g de beurre*
- *300 g de sucre*
- *4 œufs entiers*
- *1 paquet de levure chimique*
- *1 paquet de sucre vanillé*
- *Du rhum (selon votre goût)*

Préparation : 10 min

Mélangez le sucre et le beurre ramolli. Ajoutez la farine, la levure puis les œufs. Battez bien le tout. Parfumez avec du rhum, puis laissez reposer une nuit au frigo. Le lendemain, faites cuire au fer à gaufrettes bien chaud.

Gaufres au moule

Ingrédients :
- 350 g de beurre fondu
- 700 g de farine
- 6 œufs (blancs battus en neige)
- 1 l de lait
- 1 petit pot de 25 cl de crème fraîche
- 1 pincée de sel
- 1/2 carré de levure de boulanger (21 g)
- 1 canette de bière

Préparation : 10 min + le temps de la levée

Mélangez tous les ingrédients, sauf les blancs. Faites lever la pâte, à température ambiante. Au moment de la cuisson, ajoutez les blancs battus en neige.

Parfumez avec du rhum, puis laissez reposer une nuit au frigo.

Le lendemain, faites cuire au fer à gaufrettes bien chaud.

Beignets et biscuits

Beignets au brocciu

Recette de Marie-Christiane Piredda

Préparation : 20 min

Dans un saladier, mélangez la farine avec le sucre et les zestes de citron et d'orange râpés ; faites une fontaine puis ajoutez-y les œufs et la levure délayés au préalable dans un verre d'eau tiède.

Mélangez à la main le tout afin d'obtenir une pâte homogène.
Pour arriver à ce résultat n'ayez pas peur de rajouter de l'eau pendant le pétrissage.

Pour le pétrissage à la main faire un mouvement du bas vers le haut pour l'aérer jusqu'à formation de bulles à la surface.
Laissez reposer trois heures dans un endroit sec et tempéré de façon que la pâte double de volume.

Pendant ce temps, coupez en petits cubes le brocciu, et préparez un plateau avec du sucre en poudre, et un autre plateau recouvert de papier absorbant.

Cuisson : 1 h 20 environ

Une fois la pâte levée, mettez de l'huile à chauffer. Mettez les cubes de brocciu un à un dans la pâte que vous aurez préalablement pris le soin de huiler : confectionnez des petites boules que vous poserez délicatement dans le bain d'huile chaude.

Laissez-les dorer puis, délicatement, sortez-les de l'huile, égouttez-les sur le premier plateau, et ensuite roulez-les dans le sucre en poudre du second plateau. Enfin, disposez-les dans le plat de service. Dégustez.

Variante

Vous pouvez remplacer le brocciu, par des morceaux de chocolat, ou par des cubes de pommes.

Ingrédients :

- 1 kg de farine
- 500 g de brocciu de la veille de préférence
- 100 g de sucre
- 2 œufs entiers
- 15 g de levure de boulanger
- Le zeste d'1 orange râpée et d'1 citron

Beignets de farine de châtaigne

Ingrédients pour 15 beignets :
- *200 g de farine de châtaigne*
- *100 g de brocciu frais*
- *1 œuf*
- *1 pincée de sel*
- *Huile de friture*

Préparation

Faites une pâte légère avec la farine, l'œuf, le sel et de l'eau. Coupez le brocciu en dés, et mélangez-le à la pâte. Prenez une cuillère de pâte avec un morceau de brocciu, et jetez-la dans l'huile bouillante, afin que les beignets gonflent. Baissez le feu immédiatement et laissez dorer. Faites de même avec le reste de la pâte.

Égouttez les beignets sur du papier absorbant et dégustez-les tièdes.

Beignets de camomille

Ingrédients pour la pâte à beignet :
- 200 g de farine
- 2 blancs d'œufs
- 1 paquet de levure chimique
- 2 cuillères à soupe d'huile d'olive
- 1 pincée de sel
- 3 dl d'eau tiède
- 1 poignée de feuilles de camomille

Préparation : 20 min

Hachez finement les feuilles de camomille, ajoutez à la pâte à beignets et mélangez. Versez des cuillerées de pâte dans l'huile brûlante, une fois dorés, sortez les beignets et mettez-les sur du papier absorbant. Servez chaud.

Beignets de farine de châtaigne au brocciu

Ingrédients pour 8 personnes :
- *300 g de brocciu frais*
- *200 g de farine de châtaigne*
- *50 g de farine de blé*
- *2 œufs*
- *2 cuillères à soupe d'huile*
- *1 sachet de levure*
- *1 pincée de sel*
- *4 pincées de sucre en poudre*

Préparation : 10 min

Dans un saladier, mélangez vos farines et le sel avec le lait tiède. Incorporez vos œufs, la levure et votre huile. Laissez reposer le tout, 1 heure au réfrigérateur.

Cuisson : 1 h

Mettez de l'huile à friture à chauffer à feu doux, dans une poêle. Coupez des morceaux de brocciu et mettez-les un par un dans la pâte. Récupérez-les à l'aide d'une grosse cuillère et déposez-les progressivement dans votre poêle. Retournez-les à mi-cuisson et déposez-les sur un papier absorbant, et enfin saupoudrez-les de sucre.

Canistrelli

Ingrédients pour 1 kg de farine :
- 200 g de beurre
- 500 g de sucre
- 4 œufs
- 20 g de levure de boulanger
- 1 verre de vin blanc sec
- 1 tasse et demie de grains d'anis
- 1/4 de litre d'eau

Préparation : 1 h

Délayez la levure dans de l'eau tiède et mélangez-la à 200 g de farine. Mettez dans un endroit chaud à lever pendant 45 min environ. Dans une vaste terrine, versez le reste de la farine, placez au centre le levain, le beurre, les œufs, le sucre, le vin blanc, les grains d'anis dont la quantité pourra être augmentée selon le goût. Mélangez le tout avec la farine en pétrissant et en ajoutant l'eau peu à peu : La pâte doit rester dure.

Repos de la pâte : 2 h 45

Laissez ensuite lever dans un endroit tiède pendant 2 h.
Sortez cette pâte et étalez-la au rouleau sur une épaisseur de 2 cm au maximum. Découpez des carrés, des rectangles, des demi-lunes avec la roulette à pâtisserie et disposez-les sur une plaque à four huilée.

Cuisson : 45 min

Laissez chaque fournée cuire au four chaud (150 °C - 160 °C) 45 min. Les canistrelli se conservent longtemps en boîte fermée.

I Frappi

Ingrédients :
- 400 g de farine
- 50 g de sucre
- 50 g de sucre glace à saupoudrer (après friture)
- 2 œufs
- 1 verre de lait
- 1 sachet de levure
- 1 citron râpé
- 1 pincée de sel

Préparation

Faites un puits avec la farine incorporez-y tour à tour la levure, le sel, le citron râpé, le sucre, les œufs, ajoutez peu à peu le lait au mélange et travaillez avec les doigts. Étalez la pâte obtenue sur la table farinée. Aplatissez-la bien et dé- coupez des losanges de pâte que vous inciserez au centre. Ensuite, passez une des pointes du losange dans la fente de manière à réaliser une création. Mettez à frire dans l'huile bouillante, une fois levée et faites-les dorer.

U pastizzu

Ingrédients pour 4 personnes :
- *100 gr de semoule fine de blé*
- *30 gr de sucre*
- *4 œufs*
- *1 citron (peau)*
- *1 bâton de vanille*
- *1 litre de lait*
- *1 ou 2 bouchon de pastis*

Préparation : 10 min

Faites bouillir le lait avec la vanille et le citron. Retirez le lait du feu, et saupoudrez de semoule.
Rajoutez les œufs, et le pastis. Bien mélangez le tout. Dans un moule caramélisé au préalable : versez tout le contenu.

Cuisson : 1 h

Faites cuire au four environ 1 heure.

Flans et autres desserts

Flan Corse

Ingrédients pour 6 personnes :
- *1 l de lait*
- *200 g de sucre*
- *5 œufs*
- *2 tranches de pain rassis*
- *Le zeste d'1/2 citron*

Préparation

Dans une casserole, mélangez avec le lait avec 150 g de sucre, le pain rassis et le zeste de citron râpé. Portez le tout à ébullition, puis retirez du feu et passez au mixer. Laissez refroidir. Battez les œufs et ajoutez-les à la préparation. Avec le restant du sucre, caramélisez un moule à flan. Versez-y la préparation. Faites cuire à four chaud (thermostat 7, 240 °C) au bain-marie durant 45 minutes environ. Laissez refroidir avant de démouler.

Flan à la farine de châtaigne

Ingrédients :
- 125 g de farine de châtaigne
- 200 g de sucre semoule
- 1 l de lait
- 4 œufs
- 5 cl d'eau-de-vie
- 1 sachet de sucre vanillé

Préparation : 20 min

Préchauffez votre four à 230 °C ou sur thermostat 7,5. Mettez les 3/4 du lait à bouillir. Tamisez et délayez petit à petit (afin d'éviter que cela ne fasse des grumeaux) la farine de châtaigne avec le 1/4 de litre de lait froid, puis incorporez-la au reste de lait bouillant.

Cuisson : 35 min

Faites cuire 10 minutes à feu doux en remuant constamment. Cassez les œufs dans une calotte. Ajoutez le sucre semoule et le sucre vanille, blanchissez à l'aide d'un fouet. Mélangez les deux préparations, ajoutez l'eau-de-vie, puis versez dans un moule à flan et faites cuire à four chaud (230 °C) au bain-marie pendant 30 minutes environ. Laissez refroidir au réfrigérateur, 2 à 3 heures. Démoulez dans un plat de service rond.

Gelées de clémentines et de citrons corses à la cannelle

Ingrédients pour 5 pots de gelée :
- *2 kg de clémentines*
- *1 kg de citrons*
- *1 cuillère à café de cannelle*
- *Sucre*

Préparation

Recueillez le jus des fruits, pesez-le et ajoutez le même poids en sucre, ajoutez alors la cuillère à café de cannelle.

Mélangez bien, faites cuire si possible dans une bassine en cuivre et comptez, après ébullition, environ 20 minutes de cuisson. Mélangez régulièrement. Ébouillantez les pots et les couvercles, remplissez de cette délicieuse gelée, couvrez et retournez les pots.

Poêlée de clémentines aux blinis à la farine de châtaigne et glace aux noix

Préparation des clémentines
Cuisson : 10 min

Faites sauter les quartiers de clémentine dans du beurre chaud avec les épices. Réservez-les sur une assiette, ajoutez le miel dans la poêle et laissez caraméliser. Déglacez le miel avec le jus d'orange, faites réduire de moitié.

Disposez les mandarines, les blinis et une boule de glace aux noix sur 6 assiettes. Servez nappé avec la sauce à l'orange.

Ingrédients pour 6 personnes :
- *6 clémentines*
- *1/2 l de glace aux noix*
- *2 cuillères à soupe de miel*
- *1 verre de jus d'orange*
- *1 pincée d'anis*
- *1 pincée de cannelle*
- *1 pincée de coriandre*
(toutes les épices seront en poudre)

Pour la pâte à blinis :
- *150 g de farine*
- *100 g de farine de châtaigne*
- *75 g de sucre*
- *5 œufs*
- *150 g de crème fraîche*
- *50 g de beurre*
- *1/2 l de lait*
- *1 pincée de sel*

Préparation des blinis : 25 min

Tamisez les deux farines, ajoutez sucre et sel. Mélangez avec les œufs battus, puis ajoutez la crème fraîche petit à petit avec le lait tiède. Terminez par le beurre fondu. Laissez reposer 15 minutes. Réalisez de petites crêpes.

Mousse à la fraise
Recette de Marie-Christiane Piredda

Ingrédients :
- 1 l de crème liquide
- 500 g de fraise
- 200 g de sucre glace

Préparation

Faites monter la crème en chantilly à l'aide d'un batteur, avant la fin ajoutez le sucre.

Mixez les fraises en réservant quelques-unes pour la décoration.

Dans un saladier mettez la crème chantilly et ajoutez-y les fraises mixées. Rectifiez le sucre, dressez et dégustez.

Selon les saisons vous pouvez varier les fruits.

Caramel au lait

Ingrédients pour 40 pièces :
- *1 l de lait*
- *1 kg de sucre*

Préparation : 3 h
Cuisson : 3 h

Versez le lait et le sucre dans une grande casserole ou une bassine à confiture. Faites cuire à feu vif en remuant de temps en temps jusqu'à ce que la masse épaississe et devienne brun clair (il faut bien compter deux à trois heures, patience) Quand on verse un peu de la masse dans une assiette et qu'elle se durcit, c'est prêt.

Versez dans une plaque à pâtisserie rectangulaire, graissée. Égalisez la surface. Découpez au couteau en carrés ou en losange. La masse se reforme, mais c'est normal. Lorsque la pâte s'est refroidie, cassez le long des rainures.

Chaussons aux figues et aux pommes

Ingrédients pour 4 à 5 personnes :
- *500 g de pâte feuilletée*
- *30 g de figues sèches*
- *5 pommes*
- *1 gousse de vanille*
- *Sucre semoule*
- *Huile de friture*

Pour le beurre d'agrume :
- *150 g de beurre*
- *125 g de jus d'orange*
- *125 g de jus de citron*
- *2 cuillères à soupe de sucre glace*
- *Zeste d'1 orange*

Préparation

Faites cuire à feux doux les pommes pelées et coupées en quartiers, et la gousse de vanille fendue et grattée, pour obtenir une compote. Ajoutez le sucre en fin de cuisson, puis les figues coupées en dés. Étalez la pâte. Découpez des cercles de 5 cm de diamètre. Déposez un peu de compote sur chaque moitié de cercle, et rabattez l'autre moitié. Soudez les bords en les pinçant.

Réservez les chaussons au réfrigérateur jusqu'à ce qu'ils soient bien froids. Plongez-les ensuite dans l'huile de friture très chaude. Dorez-les de tous les côtés, puis essuyez-les avec du papier absorbant et roulez-les dans le sucre semoule. Faites réduire le jus des fruits avec le sucre et le zeste d'orange râpé, puis montez au beurre. Dressez les chaussons et entourez-les de beurre d'agrumes.

Beignets soufflés

Préparation : 3h00

Mettez 25 cl d'eau, le beurre coupé
en dés et le zeste de citron râpé
dans une casserole. Portez à ébullition. Enlevez aussitôt du feu. Incorporez d'un bloc la farine et la levure.
Mélangez le tout vigoureusement.
Remettez sur feu très doux, et tour-
nez jusqu'à ce que l'appareil n'ad-
hère plus aux parois de la casserole
et forme une boule. Laissez tiédir la
préparation et incorporez les œufs
l'un après l'autre, jusqu'à l'obtention
d'une pâte souple et élastique.

Cuisson : 3h00

À l'aide d'une cuillère à soupe,
confectionnez des boules de pâte
et jetez-les dans l'huile bouillante.
Faites dorer 3 ou 4 minutes. Égouttez les soufflés sur du papier absorbant. Roulez-les dans le sucre
en poudre. Dégustez tiède, en cou-
vrant les soufflés et en les arrosant
avec quelques gouttes d'eau-de-
vie.

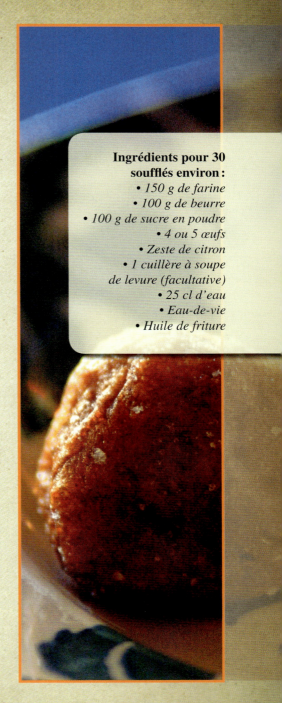

**Ingrédients pour 30
soufflés environ :**
- *150 g de farine*
- *100 g de beurre*
- *100 g de sucre en poudre*
- *4 ou 5 œufs*
- *Zeste de citron*
- *1 cuillère à soupe
de levure (facultative)*
- *25 cl d'eau*
- *Eau-de-vie*
- *Huile de friture*

Pommes d'amour

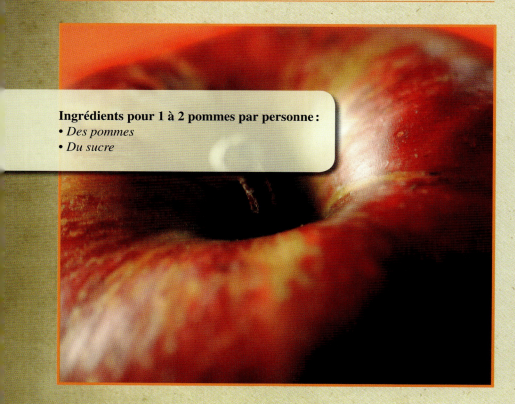

Ingrédients pour 1 à 2 pommes par personne :
- *Des pommes*
- *Du sucre*

Préparation : 10 min
Cuisson : 5 à 10 min

Faites un caramel dans une casserole, pendant ce temps pelez des pommes (1 ou 2 par personne), enfoncez un grand pic en bois dans le centre de chaque pomme, quand le caramel est roux - en faisant très vite - roulez chaque pomme dans celui-ci.

Variante au chocolat

Mettez à fondre le chocolat au bain-marie
Lorsque le chocolat est fondu trempez-y les pommes (une par une). Laissez sécher.

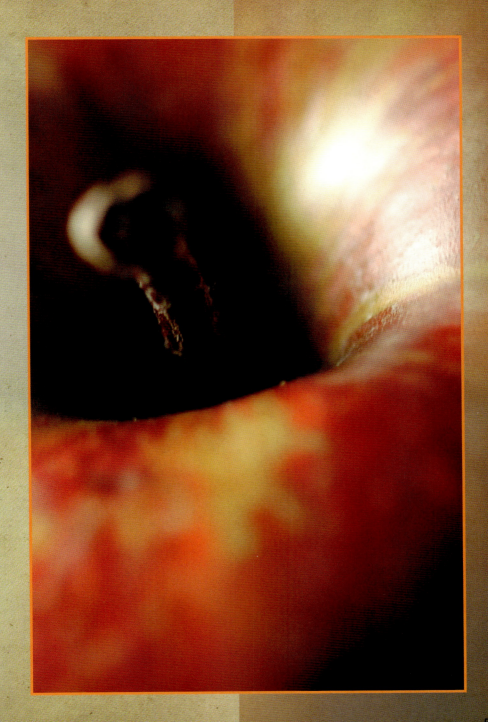

Lexique

Appareil :
Mélange de différents ingrédients entrant dans la composition d'un plat.

Bain-marie :
Technique de cuisson qui consiste à cuire lentement en plaçant votre récipient dans de l'eau bouillante.

Blanchir :
Plonger des légumes dans de l'eau bouillante durant quelques minutes puis les refroidir rapidement.

Bouquet garni :
Persil, thym et laurier ficelés ensemble.

Écailler :
Enlever les écailles d'un poisson.

Écumer :
Enlever l'écume formée à la surface à l'aide d'une écumoire.

Mouiller :
Ajouter un liquide (eau, vin).

Vider :
Ôter les intestins et les branchies d'un poisson à l'aide d'une incision dans l'abdomen.

Notes

Notes

Index des Recettes

Index des Recettes

ÉDITIONS CLÉMENTINE

LITTÉRATURE

LIVRES D'ART

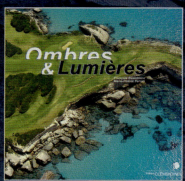

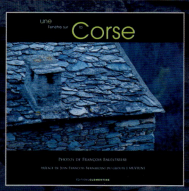

AUTRES GENRES

Éditions Clémentine Route de Muratello, 20 137 Porto-Vecchio Corsica - France

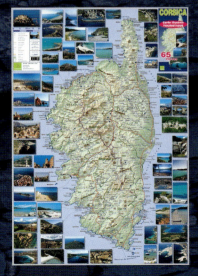
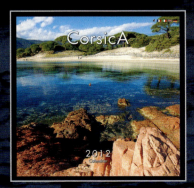

Photos : François Balestriere

ISBN : 978-2-916973-38-8
ISSN : 1964-7646 « Les indispensables »
Dépôt Légal B.N. : mai 2010 - 2e édition avril 2011
Maquette : Clémentine Studio

Éditions Clémentine
Route de Muratello, 20 137 Porto-Vecchio
Corsica - France
Tél. : +33 (0) 495 255 867
Fax : +33 (0) 495 705 599
www.editionsclementine.com
contact : contact@editionsclementine.com

Cet ouvrage a été imprimé en U.E.
pour le compte des Éditions Clémentine